▶ *erlebe* MEERBUSCH IM WANDEL
Vielfalt einer jungen Stadt mit Tradition

Vorwort der Bürgermeisterin

Ein Buch, das sich mit Meerbusch beschäftigt, ist immer ein ambitioniertes Projekt. Wer Meerbusch verstehen und erklären will, muss in die Tiefe gehen. Was macht die Stadt aus? Was ist typisch? Was macht sie unverwechselbar?

Zum einen der Rhein, dazu viel Platz, Wiesen, Felder. Die beinahe sprichwörtliche Meerbuscher Lebensqualität lebt auch von diesem freien, weiten Land. Elf Kilometer Rheinufer dürfen die Meerbuscher ihr Eigen nennen.

Meerbusch – da wo die Millionäre wohnen? Ja, auch die. Es gibt sie: parkgrüne Nobelwohnquartiere mit Gründerzeitvillen, mit hohen schmiedeeisernen Toren und Klingelknöpfen ohne Namen. Zum anderen ist Meerbusch trotz all' dem auch rheinischbodenständig geblieben. Nicht zuletzt das rege Vereinsleben, eine bunte Sportszene und ein lebendiges Brauchtum sprechen dafür.

Meerbusch und seine Niederrheinlandschaft bieten nicht nur Familien mit Kindern das richtige Umfeld mit hoher Wohnqualität. Kurze Wege zur Arbeit schaffen mehr Zeit für Familie, Freizeit, Sport und Hobby. Doch Meerbusch ist lange nicht mehr nur Wohnort zwischen Großstädten. Rund 13.000 Arbeitsplätze gibt es inzwischen im Stadtgebiet. Namhafte Firmen haben die Qualitäten unseres exquisiten Standorts erkannt und machen von Meerbusch aus gute Geschäfte.

Aber ist das nun Meerbusch? Nicht wirklich. Meerbusch ist mehr. Wer die Stadt kennenlernen will, muss sich einlassen auf Vielfalt, muss sich einlassen auf acht Stadtteile, die – jeder einzelne für sich – im wahren Wortsinne „eigenartig" sind.

Ich freue mich sehr, dass sich aus Anlass ihres 50-jährigen Schuljubiläums Schülerinnen und Schüler des Mataré-Gymnasiums ihrer Heimatstadt mit diesem Buch ganz neu genähert haben. Wie hat sich die Stadt entwickelt? Was ist sehenswert? Was tut sich wirtschaftlich und kulturell bei uns? Wie lebt es sich hier? In diesem Bildband finden Sie viele Antworten – und zwar aus Sicht junger Meerbuscher.

Ein Projekt wie dieses ist nicht selbstverständlich. Viele, Schüler und Lehrer, haben sich eingebracht und zum Gelingen beigetragen. Die Schüler konnten Kompetenzen aus unterschiedlichsten Fächern einbringen. Fotografieren, Texte schreiben, im Archiv recherchieren, Fotos per Zeitungsaufruf sammeln, Gliederung und Layout entwerfen, Sponsoren und Vertriebspartner gewinnen – und das alles weitgehend außerhalb der Unterrichtszeit und ohne jegliche professionelle Unterstützung.

Dieses tolle Engagement hat mich sehr beeindruckt. Das Ergebnis der monatelangen Arbeit ist – wie Sie sehen werden – hervorragend. Allen Mitwirkenden, allen Förderern und Unterstützern sage ich herzlichen Dank. Dem Buch wünsche ich von Herzen viel Erfolg!

Angelika Mielke-Westerlage
Bürgermeisterin

Vorwort des Schulleiters

Es ist mir eine große Ehre, als Schulleiter des Mataré-Gymnasiums. Europaschule Meerbusch das Vorwort zu einem ganz besonderen Projekt zu verfassen, in dessen Rahmen sich Schülerinnen und Schüler auf vielfältigste Weise mit ihrer Heimatstadt auseinandergesetzt haben.

„Erlebe Meerbusch" ist der Titel des vorliegenden Bildbandes, den Schülerinnen und Schüler der 11. und 12. Jahrgangsstufe gemeinsam mit ihrem Fachlehrer Herrn Tauke, Lehrer für Englisch und Geschichte, im Rahmen eines Projektkurses als Beitrag zum 50-jährigen Jubiläum unserer Schule zusammen erstellt haben. Bei der Durchsicht ist kaum zu glauben, dass es sich dabei um ein völlig selbstständig erarbeitetes Projekt handelt, also ohne die Hilfe von Fotografen oder Historikern verfasst wurde. Der Band ist damit auch ein Zeugnis für die Leistungsfähigkeit von Schule insgesamt.

Die Bedeutung dieses Bildbandes für die Schülerinnen und Schüler, aber auch für die gesamte Schulgemeinde, kann nicht hoch genug eingeschätzt werden, zeigt es doch die individuelle Verbundenheit und Identifikation der jungen Meerbuscher Bürger mit ihrer Heimatstadt: Individuelle Blickwinkel auf Meerbusch und seine Ortsteile werden genauso gesucht wie die vielen großen und kleinen Veränderungen, die im Laufe der Zeit das Bild der zahlreichen Gemeinden, die die Stadt Meerbusch letztendlich ausmachen. Der Wandel des Deutschen Ecks in Büderich, die Transformation des Böhler-Geländes sowie die Verdichtung von Büderich und Osterath bei gleichzeitiger Beibehaltung der ländlichen Strukturen und der Nähe zur Natur sind nur einige Beispiele, die in diesem Zusammenhang zu erwähnen sind.

Als Europaschule fühlen wir uns europäischen Werten verpflichtet – dazu gehört auch eine positive Identifikation mit dem Begriff „Heimat". Wie viele andere Meerbuscher bin auch ich nicht in Meerbusch geboren, fühle mich hier aber heimisch und wohne gerne hier. Bei der Lektüre konnte ich viele mir bisher unbekannte Facetten entdecken und wünsche Ihnen, dass es Ihnen ebenso ergehen möge.

Dass diese großartige Idee überhaupt verwirklicht werden konnte, ist vielen Menschen zu verdanken. An erster Stelle seien die Schülerinnen und Schüler des Projektkurses genannt, die sich der Aufgabe mit Herzblut und ausdauerndem und sehr arbeitsintensivem Engagement gewidmet haben. Sehr herzlich möchte ich mich bei unserer Bürgermeisterin, Frau Mielke-Westerlage, für die Übernahme der Patenschaft für dieses Projekt bedanken: Sie stand vom ersten Augenblick hinter dieser Idee und das Rathaus hat die Initiatoren grandios unterstützt.

Unser Förderverein, zusammen mit der Vorsitzenden Frau Fanenbruck, sei genauso gedankt wie den anderen, zahlreichen Unterstützern, die das Projekt finanzierbar gemacht haben. Schließlich möchte ich dem Geiger Verlag und der Linus Wittich Medien KG meinen Dank aussprechen, die durch eine durchdachte Konzeption solche Projekte erst möglich machen.

Ich wünsche dem Projektteam den größtmöglichen Erfolg und hoffe, dass eine sehr breite Leserschaft dadurch gewonnen werden kann.

Ich für meine Person konnte meine erste Lektüre kaum abwarten.

Christian Gutjahr-Dölls
Schulleiter

Haus Meer – ehemaliges Kloster, adeliger Herrensitz und Namensgeber Meerbuschs

Über mehrere Jahrhunderte bis zum heutigen Tag bildet kein anderer Ort wie dieser überschaubare ummauerte Bezirk am Nordrand von Büderich die wechselvolle Geschichte Meerbuschs ab. Der historische Ursprung im Hochmittelalter, ein Gartenpavillon aus dem 19. Jahrhundert und eine Wortneuschöpfung vom Ende des 20. Jahrhunderts geben der jungen Stadt Meerbusch eine Identität.

Gräfin Hildegundis von Meer gründete Mitte des 12. Jahrhunderts das Prämonstratenserinnenkloster Meer, dessen erste Äbtissin sie wurde. Mit den umliegenden Ländereien wurde das Kloster schnell ein bedeutender Wirtschaftsfaktor und größter Arbeitgeber im Umkreis, während die religiöse Bedeutung begrenzt blieb.

Im Zuge der Auflösung der Klöster während der napoleonischen Zeit gelangte das Anwesen 1804 in den Besitz der Fabrikantenfamilie von der Leyen, die es in ein Schloss umbaute. Durch einen Luftangriff 1943 wurde das Schloss zerstört und die Ruine später bis auf die Grundmauern abgerissen. Somit sind heute nur noch die Parkanlage und einige Wirtschaftsgebäude erhalten, darunter der „Teehäuschen" genannte Gartenpavillon.

Der Begriff „Meer" bezeichnet ein Feuchtgebiet. Das Kloster Meer befand sich am Rande einer verlandeten Altrheinschlinge, der angrenzende Wald trug den Namen „Meererbusch". Im Rahmen einer Gebietsreform entstand am 1. Januar 1970 die neue Stadt „Meerbusch", die sich aus den benachbarten Ortschaften Büderich, Osterath, Lank-Latum, Strümp, Ossum-Bösinghoven, Ilverich, Langst-Kierst und Nierst zusammensetzt. Trotz ihres jungen Alters als eigenständige Stadt blickt Meerbusch daher auf eine über 800-jährige Geschichte zurück.

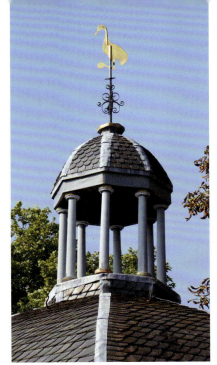
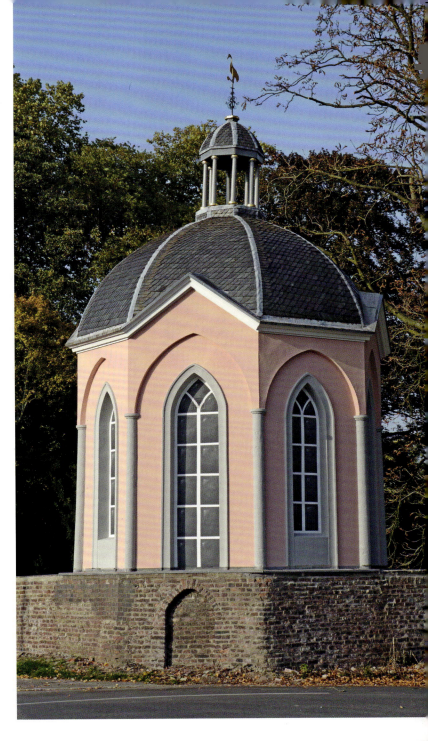

Das „Teehäuschen" – das Meerbuscher Wahrzeichen

Den Gartenpavillon, der sich an einer Ecke des alten Klosterbezirks von Kloster Meer befindet, bezeichnen die Meerbuscher als ihr „Teehäuschen". Es gilt als Wahrzeichen der Stadt Meerbusch und wurde zwischen 1850 und 1865 erbaut.

Das Häuschen ist doppelgeschossig aufgebaut, achteckig und mit einer Dachkuppel und vier kleinen Giebeln ausgestattet. Eine Dachlaterne mit einer Wetterfahne befindet sich auf der Kuppel, auf der das Wappentier der Familie von der Leyen, der Reiher, zu sehen ist.

Bei einer Renovierung 1960 wurden die Fenster des Häuschens vermauert und die Sprossenstruktur aufgemalt. Der Pavillon wird seit 1994 regelmäßig in altrosa gestrichen.

Dr. Franz-Schütz-Platz – Dreh- und Angelpunkt in Büderich

Der Dr. Franz-Schütz-Platz ist der zentrale Festplatz in Büderich. Der Platz ist benannt nach dem einzigen Ehrenbürger von Meerbusch, Franz Schütz. Der geborene Büdericher war von 1964 bis 1970 Bürgermeister von Büderich.

Auf dem Festplatz befinden sich die Stadtverwaltung und das Bürgerbüro (Seite 7 unten links), die Stadtbibliothek Meerbusch, sowie Ganztagsräume der Städtischen Brüder Grimm-Schule und der St. Mauritius Grundschule und eine Curry Lounge auf dem Parkplatz.

Jeden Donnerstag und Samstag Vormittag findet auf dem Dr. Franz-Schütz-Platz ein Wochenmarkt statt.

Jährlich zu Pfingsten wird auf dem Platz die Kirmes zur Feier des Schützenfestes aufgebaut, Ende September findet dort das Sonnenblumenfest statt und im Winter, wie oben zu sehen, wird an der Seite zur Dorfstraße auf dem Festplatz die Winterwelt mit Eislaufbahn und Schlittschuhverleih errichtet.

Vor der Mauritius-Grundschule entdeckt man seit 1987 den Kinderbrunnen des Künstlers Michael Franke. Nachdem er sich überlegt hatte, was Kindern in Bezug auf Wasser Spaß machen würde, kam er zu dem Ergebnis, dass es mit Sicherheit auch dazu gehört andere nass zu machen – deshalb stellte er Wasser speiende Kinder dar. Anfangs sind Kinder wohl häufig nass zum Unterricht erschienen, sodass man entschied den Wasserlauf erst nach Schulbeginn anzustellen.

erlebe MEERBUSCH IM WANDEL

Das Büdericher Rathaus

Das Rathaus an der Dorfstraße nahe dem Dr. Franz-Schütz-Platz plante der Düsseldorfer Architekt C. Hövel im Jahr 1901. Das zweigeschossige Gebäude wurde 1911 erweitert, die Eingangstür aus Eichenholz ist noch dieselbe wie 1901. Auch die Innenraumaufteilung sowie die beiden Treppenhäuser, die das Rathaus von vorne und von seiner rückwärtigen Seite erschließen, sind noch in ihrer ursprünglichen Struktur erhalten. Die Schmuck- und Gliederungsformen der Fassade entsprechen in ihrer Ornamentik dem historisierenden Stil der Wende zum 20. Jahrhundert. Der Balkon mit seinem aufwendig gearbeiteten Geländer schließt das Gebäude nach oben ab.

1902 wuchsen die Dörfer Brühl, Necklenbroich, Niederdonk und Büderich zusammen und teilten sich das Gebäude. Heute ist es das Zentrum der Stadtverwaltung von ganz Meerbusch.

Bis heute bildet das Rathaus den Ortskern von Büderich und beherbergt das Büro der Bürgermeisterin.

Der Dyckhof

Der Dyckhof im Büdericher Ortsteil Niederdonk ist ein von einem Wassergraben umgebener Gutshof aus dem 14. Jahrhundert.

Im 17. Jahrhundert wurde das burgartige Hauptgebäude zu einem Herrenhaus im barocken Stil umgebaut. Der Dyckhof besteht aus einem großen, dreiflügeligen Wirtschaftshof und dem Herrenhaus um einen Innenhof herum. Das Herrenhaus besteht aus einem Turm und einem zweigeschossigen Wohnhaus. Die aufwendige schiefergedeckte Haube des Turms ist achteckig, zwiebelförmig ausgebaucht sowie zweimal eingezogen und damit einzigartig im Rheinland.

Der Dyckhof war seit dem Mittelalter über lange Zeit Sitz vieler verschiedener Familien aus dem niederen Adel. Seit Anfang des 19. Jahrhunderts besitzt die Neusser Unternehmerfamilie Werhahn den Gutshof. Nach Umbau und Restauration ist der längst denkmalgeschützte Dyckhof heute ein Hotel mit Restaurant.

Der außen um den Wassergraben herum führende Kreuzweg ist ein schöner und beliebter Spazierweg.

erlebe MEERBUSCH IM WANDEL

Deutsches Eck – vom Verkehrsknoten zur Einkaufsmeile

Kein anderer öffentlicher Ort erlebte in den letzten Jahrzehnten einen so durchgreifenden Wandel wie das Deutsche Eck.

Nicht nur von oben sah das Deutsche Eck bis in die 1980er Jahre aus wie ein etwas vernachlässigter Verkehrsknotenpunkt: Sieben Straßen kommen hier zusammen und der Verkehr verteilt sich neu. Das Luftbild zeigt zahlreiche Kreuzungen, zwei Tankstellen, eine Brachfläche, ein großes altes Haus auf einer Verkehrsinsel und inmitten der Kreuzungen einen einsamen großen grünen Baum, ebenfalls von Asphalt umschlossen.

Die Wegführung wurde zugunsten von Verkehrsberuhigung und Fußgängern verändert, das große Haus (Seite 10, unten links) und die dahinter liegende Tankstelle wurden abgerissen. Heute ist die Durchfahrt von der Oststraße zur Düsseldorfer Straße für Autos nicht mehr möglich. Radfahrer, Fußgänger und Linienbusse haben jetzt ausreichend viel Platz (Seite 10, unten rechts).

Der erwähnte Baum steht noch heute an derselben Stelle, jedoch als Teil eines Platzes fast ohne Autoverkehr (oberes Bild). Der Verkehr wird heute außen an dem großen neuen Einkaufs- und Bürokomplex mit attraktiven Geschäften vorbei geleitet (unteres Bild). Im Inneren entstand so ein kleiner Platz zur Erholung und für einen kleinen Wochenmarkt. Das Deutsche Eck hat sich neben der Dorfstraße zum zweiten Geschäftszentrum in Büderich entwickelt.

▶ Lank-Latum – Meerbuschs „gute Stube"

An der Grenze zu Krefeld liegt im Norden Meerbuschs der Stadtteil Lank-Latum. Mit seiner Fußgängerzone und dem schönen Marktplatzensemble gilt Lank als der Stadtteil mit dem urigsten Ortsbild, verfügt aber auch über herausragende kulturelle Stätten.

Die drei Lank-Latumer Originale Stina, Trina und Drickes hat der Künstler Michael Franke um den Marktbrunnen platziert. Der Brunnen trägt den Schriftzug: „Lankter Buure. Lotumer Suure, Wejter die Luure, Vrollet die knuure" – übersetzt: „Lanker Bauern, Latumer saure Kirschen, Weiber, die schauen, Frauen, die meckern".

Die römisch-katholische Pfarrkirche wurde erstmals im Jahr 1176 erwähnt und 1202 als St. Stephanus-Kirche benannt. Das Kirchenschiff wurde durch Brandstiftung während der Schlacht auf der Kempener Heide 1642 und 1645 vollständig zerstört und 1662 wieder aufgebaut. Der Turm ist heute der einzig erhaltene Originalbau aus der romanischen Bauzeit.

Gegenüber dem Turm und entlang der westlichen Marktseite steht seit 1758 ein stattliches Bachsteingebäude, das schon immer als Gasthaus diente und heute auch als Atelierhaus genutzt wird.

Ein weiterer Blickfang in Lank ist die Teloy-Mühle. Inklusive Haube misst der Turm eine Höhe von 17,50 Meter. Die Teloy-Mühle, anfangs „Neue Mühle", wurde vermutlich 1822/23 vom Lanker Bäcker Adolph Frangen gebaut. 1873 gelangte sie an den Müller Ludwig Teloy.

Die inzwischen vom Verfall bedrohte Mühle wurde später von der Gemeinde Lank-Latum erworben. 1979 beschloss der Rat der Stadt Meerbusch, die Mühle zu restaurieren und das Erdgeschoss so- wie das Obergeschoss öffentlich nutzbar zu machen. Seither dient die Mühle als Veranstaltungsraum für Ausstellungen, Konzerte und Vorträge.

Weithin sichtbar ist der Lanker Wasserturm mit einer Höhe von 25 Metern und einer Stahlkugel als Wasserreservoir mit einem Durchmesser von sechs Metern.

1912 erbaut, war er bis zu deren Schließung 1985 ein wichtiger Bestandteil der dort ansässigen Zelluloidfabrik.

Unmittelbar neben dem Turm befindet sich heute das „Forum Wasserturm", in dem zahlreiche Kulturveranstaltungen stattfinden.

Das Zentrum von Osterath an der Kreuzung von Meerbuscher Straße und Hochstraße vermittelt bis heute mit seinem Pflaster aus Kopfstein den Eindruck eines gemütlichen Dorfes, verkehrsberuhigt und mit einladenden Geschäften, legendären Kneipen und einem hoch frequentierten Eissalon.

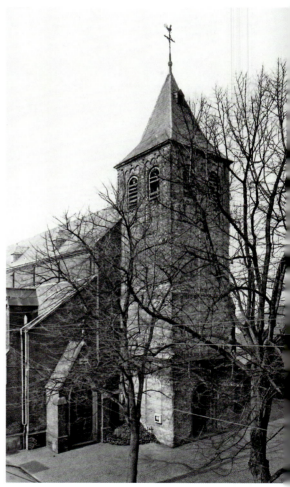

Osterath – dörfliches Flair im historischen Ortskern

Die römisch-katholische St. Nikolaus Kirche an der Hochstraße war lange eigenständig. Seit 2010 ist sie eine der Kirchen der Meerbuscher Pfarrgemeinde Hildegundis von Meer. Der Kirchturm besteht aus Tuff mit einem Blendbogen aus dem 12. Jahrhundert und ist somit der älteste Teil der Kirche. 1538 wurde der Turm um ein Geschoss erhöht. Von 1853 bis 1855 wurde eine vergrößerte dreischiffige neugotische Backsteinbasilika westlich des Turms errichtet, wohingegen das ursprüngliche Kirchenschiff östlich des Turms lag. Der so entstandene Kirchplatz zur Hochstraße hin wird heute gerne für Veranstaltungen genutzt.

Wöchentlich findet auf der Hochstraße in Osterath dienstags und freitags ein Wochenmarkt statt. Es werden dort Obst und Gemüse der Saison sowie Fleisch, Fisch und weitere Waren angeboten. Das hintere Ende der Hochstraße mit der Ecke zum Bommershöfer Weg ist der geschäftigste Teil Osteraths mit Drogerie- und Supermarkt, aber auch mit einem Buchladen, Kunsthandwerksläden und weiteren Geschäften. Autos, in den 1930er Jahren noch eine Attraktion, sind aus diesem Teil der Straße inzwischen verbannt.

Die „K-Bahn" – Büderichs Wachstumsmotor zwischen Düsseldorf und Krefeld

1898 befuhr die erste elektrische Schnellbahn Europas die Strecke zwischen Düsseldorf und Krefeld – mit zwei Haltestellen in Büderich: Landsknecht und Forsthaus, damals noch Gasthäuser am Rande des Ortes.

Die schnelle Anbindung an zwei Großstädte beflügelte die Entwicklung Büderichs vom Dorf zur Kleinstadt ganz erheblich.

Direkten Haltestellenanschluss beispielsweise bekam die kurz vor dem Ersten Weltkrieg angelegte „Gartenstadt Meererbusch", bis heute ein grünes Villenviertel und Grundlage für Meerbuschs Ruf als Millionärsstadt.

Die Haltestelle Forsthaus ist nach wie vor in Betrieb. Von der Schienenseite erkennt man auf der historischen Abbildung deutlich die Ähnlichkeit mit einem Bahnhof, auf dem aktuellen Foto von der Straßenseite, dass dort noch immer eine Gaststätte beheimatet ist.

Das denkmalgeschützte Büdchen, das auch „Champagnerbüdchen" genannt wird, befindet sich an der Moerser Straße, gegenüber der Haltestelle Forsthaus. Das Image des drei Quadratmeter großen „Büdchens für Reiche" resultiert aus der Kundschaft aus dem angrenzenden Villenviertel, deren Wünsche zu einem außergewöhnlichen Sortiment mit Champagner und Kaviar führen.

Auf der Folgeseite oben rechts sieht man die moderne Haltestelle Forsthaus mit erhöhtem Einstieg und eigenem Gleisbett, links davon die alte Trassenführung eines Seitenstrangs auf der langen Hauptstraße durch Büderich. Im Hintergrund ist noch schwach die Büdericher Hauptkirche St. Mauritius zu erkennen.

Das 1755 errichtete Gebäude des Gasthauses Peters, auf dem historischen Foto unten noch mit Gleisen der Straßenbahn vor der Tür, war möglicherweise die älteste Gaststätte Büderichs an der Moerser Straße. Zusammen mit der gegenüberliegenden Zollstation bildete das Gasthaus den Siedlungskern von Brühl, der schnell mit Büderich verschmolz. Das denkmalgeschützte Gebäude beherbergt heute ein Restaurant mit Kochschule. Der Betreiber erkochte sich 2018 einen Stern im Guide Michelin.

erlebe MEERBUSCH IM WANDEL

Der Rhein – Ort der Sehnsucht, der Freizeit und des Verkehrs

Der Rhein ist Meerbuschs Ostgrenze – dennoch trennt er nicht, sondern verbindet. Das ganze Jahr über inspiriert er Spaziergänger, im Sommer wird am offenen Lagerfeuer gegrillt, im Frühjahr und Herbst geangelt und im Winter Treibgut nach dem Hochwasser gesammelt.

Die Menschen begegnen sich und nehmen eine Auszeit vom Alltag, entspannen und genießen die Atmosphäre, die zugleich Ruhe und Abwechslung bringt.

Die Autobahn über die Flughafenbrücke sichert seit 2002 Meerbuschs schnelle Verbindung zum Düsseldorfer Stadion, der Messe und dem Flughafen. Die fast 1300 Meter lange Brücke besitzt zwischen den Richtungsfahrbahnen zwei in Längsrichtung aufgestellte V-förmige Pfeiler, die an den Spitzen durch Querriegel verbunden sind und wie auf der Spitze stehende Dreiecke aussehen. Auch Fußgänger und Radfahrer können die Brücke überqueren.

erlebe **MEERBUSCH** IM WANDEL

Seit dem Mittelalter verkehrt regelmäßig eine Fähre über den Rhein zwischen dem Meerbuscher Stadtteil Langst-Kierst und Düsseldorf-Kaiserswerth. Ursprünglich waren die Fährschiffe kleine Ruderkähne, die Personen und verschiedene Waren transportierten. Ab 1825 wurden Gierponte verwendet, an Drahtseilen befestigte Fähren. Seit den 1950er Jahren werden Motorschiffe eingesetzt, die „Michaela II" verbindet die Städte seit 1993. In den letzten Jahren nutzen neben Pendlern vor allem Touristen und Ausflügler die Fähre. Zahlreiche Ausflugsschiffe bieten auch längere Fahrten auf dem Rhein an.

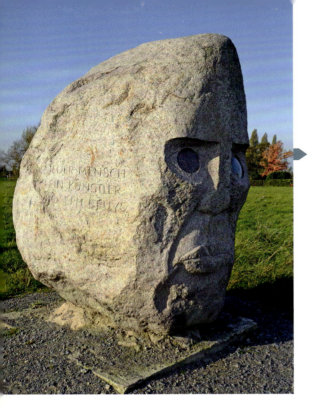

„Jeder Mensch ein Künstler"

Stromaufwärts von Brücke und Fähre blickt der Beuys-Kopf unmittelbar am Rheinufer über den Fluss auf die Düsseldorfer Rheinseite. 2008 schuf der Beuys-Schüler Anatol aus schwedischem Granit den 12 Tonnen schweren Kopf, der mahnend die Düsseldorfer daran erinnert, dass Beuys einst von der Kunstakademie entlassen wurde. An der rechten Seite der Skulptur steht das Beuys-Zitat: „Jeder Mensch ein Künstler".

Unweit der Kunstwerks liegt das Restaurant Mönchenwerth, das als Landhaus um 1694 im Auftrag des Erzbischofs Maximilian Heinrich erbaut wurde. 1702 gründete der Kölner Domherr Adam Daemen dort ein reformiertes Zisterzienserkloster, dessen Grundanlage aus der Luft gut zu erkennen ist – und auch die Anlegestelle gibt es bis heute.

Die Rheingemeinden – klein, aber fein

Sie heißen Ilverich, Langst-Kierst und Nierst und sind eigentlich bis heute kleine Dörfer, die jedoch lange vom unbefestigten Rhein als Eilande oder an einer Altrheinschlinge liegend umspült wurden.

Ilverich ist der kleinste Stadtteil Meerbuschs mit einer dreistelligen Einwohnerzahl. Nur eine Straße ist keine Sackgasse. Mittelpunkt des Ortes ist die alte Schule, die eigentliche Hauptrolle im Dorf spielt jedoch die ökologisch wertvolle Altrheinschlinge jenseits der Häuser.

Langst-Kierst ist geprägt durch die Fährtradition und die dazugehörige Gasthauskultur direkt am Rheinufer - mit Blick auf die Kaiserpfalz im gegenüber liegenden Kaiserswerth.

Nierst im Norden an der Grenze zu Krefeld versprüht eine bäuerliche Atmosphäre und ist beliebtes Ausflugsziel kurzer Radtouren. An Karneval jedoch ist von Beschaulichkeit keine Spur.

▶ Ländliche Ursprünge – wachsende Stadt

Die Geschichte Meerbuschs als eigenständige Stadt beginnt 1970 mit dem Zusammenschluss des vorstädtischen Büderich mit den sieben landwirtschaftlich geprägten Gemeinden Osterath, Strümp, Lank-Latum, Langst-Kierst, Nierst, Ilverich und Ossum-Bösinghoven.

Heute verbindet sich die gute Lage Meerbuschs mit dem Charme der dörflichen Nähe und Überschaubarkeit. Folglich wächst die Stadt stetig, jedoch ohne die klare Trennung der Stadtteile aufzulösen. Meist gilt der Grundsatz: Verdichtung statt Expansion. Denn 70 % des Stadtgebietes werden landwirtschaftlich genutzt, sind Brachland, Wald- oder Wasserfläche – ein schützenswerter Anteil.

Die Nähe zu Düsseldorf macht die Stadt zu einem höchst attraktiven Wohngebiet. Viel ehemaliges Ackerland ist inzwischen bebaut und wurde in Wohnfläche umgewandelt. Außerdem sind in mehreren Gewerbegebieten zahlreiche Unternehmen angesiedelt, die ebenfalls von der Lage Meerbuschs an drei Autobahnen zwischen Krefeld und Düsseldorf profitieren und nicht zuletzt auch Arbeitsplätze in die Stadt bringen.

▶ Die St. Mauritiuskirche

Die St. Mauritiuskirche an der Ecke Dorfstraße/Düsseldorfer Straße wurde im Jahre 1892/93 erbaut, nachdem die alte Kirche an der unteren Dorfstraße im alten Dorfkern bis auf den Kirchturm abgebrannt war. In den 1950er Jahren wurde St. Mauritius aufgrund der schweren Kriegsschäden renoviert, die sie 1945 davongetragen hatte.

Die dreischiffige neugotische Hallenkirche ist mit ihrer Turmhöhe von 54 Metern das höchste Gebäude Meerbuschs. Direkt an der Kreuzung der Hauptverkehrsachsen in Büderich gelegen, vermittelt der Blick vom Turm einen herrlichen Blick auf das gewachsene Büderich und weiter bis zum Düsseldorfer Stadion, den Flughafen und, wie auf dem Foto rechts noch zu erkennen, den Fernsehturm der Rheinmetropole.

erlebe MEERBUSCH IM WANDEL

▶ Kirchen in Meerbusch – über 1000 Jahre Sakralarchitektur

In Meerbusch spielen die Kirchengemeinden immer noch eine wichtige Rolle im öffentlichen Leben.

Romanische Anteile weisen neben dem alten Kirchturm in Büderich auch die großen Kirchen St. Stephanus in Lank, St. Nikolaus in Osterath (mit der charakteristischen Sonnenuhr) und St. Pankratius in Ossum (mit der gemauerten Fassade und dem Kriegerdenkmal vor dem Eingang) auf.

Vermutlich zu Beginn des 17. Jahrhunderts wurde die Niederdonker Kapelle „Maria in der Not" erbaut.

1929 wurde in Lank-Latum die erste evangelische Kirche errichtet. Protestantische Zuwanderung nach dem Zweiten Weltkrieg führte anschließend zum Bau weiterer evangelischer Kirchen.

Bis zum Bau eines Supermarktes grasten vor der Bethlehemkirche in Büderich noch die Schafe. Eine moderne Kirchenarchitektur zeigen auch die beiden evangelischen Kirchen Versöhnungskirche in Strümp mit einem gemauerten Kirchenbau und Christuskirche in Büderich mit einer Spannbetonarchitektur.

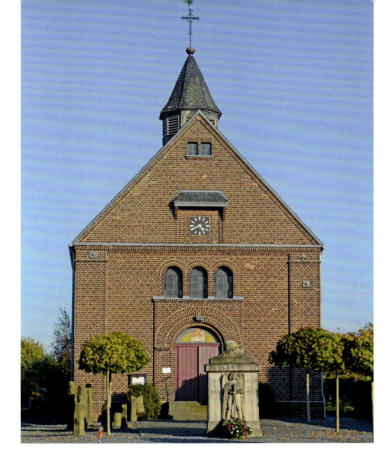

erlebe MEERBUSCH IM WANDEL

So fern und doch so nah – Meerbuschs Partnerstädte

Der Wunsch nach Aussöhnung und kulturellem Austausch zwischen Frankreich und Deutschland begründete die Unterzeichnung der Partnerschaftsurkunde zwischen Fouesnant und der Gemeinde Strümp am 21. Juli 1968. Somit ist diese „Jumelage" älter als die Stadt Meerbusch selbst. 1971 trat die Stadt Meerbusch als Nachfolgerin ein, nachdem Strümp ein Stadtteil Meerbuschs geworden war.

Der intensive Kontakt zwischen der bretonischen Küstenstadt am Atlantik und Meerbusch wird konstant und vielfältig auf beiden Seiten gelebt – es gibt Schüler- und Vereinsaustausche, Reisen und Wirtschaftsbeziehungen. Stets einen Höhepunkt in Fouesnant bilden die bretonischen soirée crêpes.

Sehr viel jünger, aber nicht weniger interessant ist die seit 2010 bestehende Städtepartnerschaft zwischen Meerbusch und Shijonawate nahe Osaka. Neben Köln ist Meerbusch die zweite Kommune in Nordrhein-Westfalen, die eine Partnerschaft mit einer japanischen Stadt unterhält. Japaner bilden in Meerbusch zudem die größte ausländische Bevölkerungsgruppe.

Auf Shijonawate fiel die Wahl aufgrund mehrerer Gemeinsamkeiten der beiden Städte. So feierten beide Städte im Jahr 2010 ihr vierzigjähriges Bestehen und die Kommunen haben geschichtsträchtige Stadtteile – trotz ihres jungen Alters.

Noch sind die Beziehungen zu Shijonawate vornehmlich politischer und wirtschaftlicher Natur, wie der Besuch der Bürgermeisterin in Japan und die Visite einer japanischen Wirtschaftsdelegation im nahen Tagebaurevier zeigen. Aber auch der kulturelle Austausch nimmt Fahrt auf: 2018 gibt es den ersten Schüleraustausch mit dem Städtischen Meerbusch-Gymnasium.

Ewald Mataré – Meerbuschs bedeutendster Künstler

Der Künstler Ewald Mataré war einer der bekanntesten Bürger Meerbuschs. Er war Bildhauer, Grafiker und Maler. 1932 zog er mit seiner Familie in die Gemeinde Büderich, wo er bis zu seinem Tod 1965 lebte. Matarés Grab befindet sich auf dem Friedhof in Büderich.

Bis heute wohnt seine Familie in Büderich und pflegt sein Andenken. Die hier abgebildeten Werke entstammen seinem Atelier im alten Dorfkern. Das Mataré-Gymnasium in Büderich wurde zu Ehren des Künstlers nach ihm benannt.

Joseph Beuys, der weltweit Berühmtheit erlangen sollte, zählt zu Matarés Schülern. Mataré selbst gilt als bedeutendster deutscher Bildhauer der klassischen Moderne. 1953 wurde Mataré der Große Kunstpreis des Landes Nordrhein-Westfalen verliehen und 1958 erhielt er das Große Verdienstkreuz der Bundesrepublik Deutschland.

In seiner Heimatstadt Aachen erhielt der Künstler die erste Ausbildung bei dem Maler Eugen Klinkenberg. Danach besuchte Mataré ab 1907 die Kunstakademie in Berlin. 1920 wandte er sich der Grafik und Bildhauerei zu. Tierplastiken wurden zu Matarés frühem Markenzeichen. 1932 wurde er an die Kunstakademie in Düsseldorf berufen. Jedoch wurde er schon ein Jahr später von den Nationalsozialisten vertrieben, die auch seine öffentlich ausgestellten Plastiken vernichteten.

Nach Kriegsende rief man Mataré jedoch an die Kunstakademie zurück. Seine 1947 gestalteten Kölner Domtüren machten ihn zum bekanntesten deutschen Bildhauer der Nachkriegszeit. Später erlangte er große Aufmerksamkeit durch die Gestaltung der Fenster im Westturm des Aachener Münsters und der Portale der Weltfriedenskirche in Hiroshima. Werke von Mataré findet man auch im nordrhein-westfälischen Landtag und im Gebäude des Europäischen Gerichtshofs in Luxemburg.

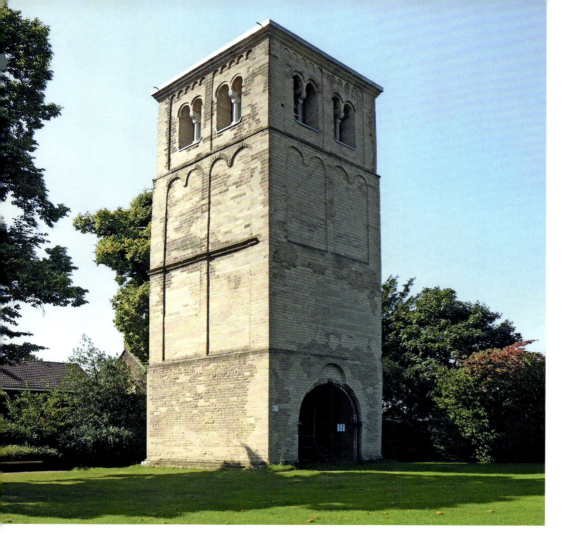

Der alte Büdericher Dorfkern

Am östlichen Ende der Dorfstraße befand sich bis zum Ende des 19. Jahrhunderts der Kern der Ortschaft Büderich. Hier befinden sich bis heute die ältesten Wohnhäuser, teilweise aus dem 17. Jahrhundert wie der Lindenhof. Sie wurden um die alte romanische Kirche herum erreichtet.

Nachdem ein Feuer im Jahre 1891 die Kirche zerstört hatte, blieb nach ihrem Abbruch nur der rund 800 Jahre alte Kirchturm erhalten.

Der Alte Kirchturm ist seit 1959 „Mahnmal für die Opfer der Weltkriege". Joseph Beuys gestaltete in den 1950er Jahren sowohl das Tor als auch ein Mahnmal in Form einer großen Holzfigur im Inneren des Kirchturms. Im rechten Flügel des Tores sind die Namen von 222 Büdericher Kriegstoten eingekerbt.

Nahe des alten Kirchturms befindet sich vor dem Haus Landsknecht der Mataré-Brunnen. Er wurde 1987 zu Ehren des Künstlers Ewald Mataré anlässlich seines 100. Geburtstags eingeweiht. Der Brunnen basiert auf einem Entwurf des Künstlers aus den 30er Jahren.

Das Gasthaus Landsknecht wurde 1925/26 von der Familie Ter Voren in einem romantisierenden Stil erbaut.

Gegenüber der Gaststätte befindet sich die Haltestelle „Landsknecht", die wichtigste Straßenbahnanbindung Büderichs nach Düsseldorf beziehungsweise Krefeld.

Was für's Auge – Meerbuscher Bildhauer in ihrer Stadt

Wilhem („Will") Hanebal war ein deutscher Bildhauer. Nachdem er lange Zeit in Düsseldorf gelebt hatte, zog er nach seiner Heirat 1941 nach Büderich, wo er bis zu seinem Tod 1982 lebte und arbeitete. Er schuf vor allem großformatige Ehrenmale. Während der NS-Zeit distanzierte sich Hanebal nicht vom nationalsozialistischen Regime. In der Nachkriegszeit wandte er sich neben der flächigen Großplastik vermehrt sakralen Themen zu.

In Meerbusch ist vor allem sein Kreuzweg um den Dychkof aus den 1960er und 1970er Jahren bekannt. Typisch für seinen Stil sind grobe und kantige Formen. Auf dem Bild der letzten Station des Kreuzwegs bildet Hanebal auch einen Bildhauer ab.

Will Brüll ist Bildhauer und lebt und arbeitet seit 1955 in der alten Windmühle in Meerbusch-Osterath. Seine oft kühl glänzenden abstrakten Edelstahlobjekte reagieren auf Luftbewegungen und unterschiedliche Lichtverhältnisse. Mehr als hundert Großplastiken von ihm stehen weltweit im öffentlichen Raum. Darunter die „Schwingen der Freundschaft" (großes Foto), die 1997 anlässlich des 30-jährigen Jubiläums der Städtepartnerschaft zwischen Meerbusch und Fouesnant in beiden Städten aufgestellt wurden. Das Gelände der Osterather Windmühle hat Brüll in einen Skulpturenpark mit zahlreichen eigenen Arbeiten umgewandelt.

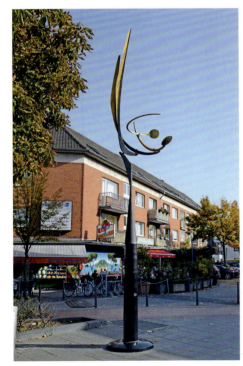

Jüdische Bürger – Teil der Stadtgeschichte Meerbuschs

Jüdisches Leben hatte einst einen respektierten Platz in den Ortschaften von Meerbusch. Heute zeugen davon nur noch die Grabsteine und ein Gedenkstein auf dem jüdischen Friedhof in Lank.

Während der Zeit des Nationalsozialismus wurden auch hier die jüdischen Einwohner ausgegrenzt und verfolgt. So wurde etwa der jüdische Friedhof in Osterath nach Schändung aufgelassen und überbaut – nur ein Straßenname mit Zusatzerklärung und ein kleiner Gedenkstein erinnern noch an den „Guten Ort". Das jüdische Bethaus wurde in der Pogromnacht 1938 zerstört.

Heute kehrt jüdisches Leben nach Meerbusch zurück. Die Schulen haben jüdische Schüler und die nahe große Jüdische Gemeinde Düsseldorf bietet auch eine religiöse und kulturelle Heimstatt.

Das öffentliche Gedenken in Meerbusch ist an unterschiedlichen Stellen sichtbar. Am Haupteingang zum Friedhof in Büderich

stehen seit 1988 sieben hohe Basaltsteinblöcke, die an die Leiden in den Konzentrations- und Vernichtungslagern erinnern.

In Osterath erinnern Stolpersteine an jüdische Einwohner. Sie sind vor deren ehemaligen Wohnhäusern in den Gehweg eingelassen und verweisen auf das Schicksal der Bewohner.

In Lank erinnert seit 2004 ein Mahnmal an die Ermordung der jüdischen Bürger aus der heutigen Stadt Meerbusch. Aufgeführt sind ihre Namen und die Ziele, zu denen sie deportiert wurden. Nur drei kehrten lebend zurück. Stempel deuten auf die Verantwortung der Gemeindemitarbeiter, die die Deportationsbescheide der jüdischen Bürger ausstellten.

erlebe MEERBUSCH IM WANDEL   37

Gegen Krieg und für Verständigung – Meerbusch als friedliebende Stadt

1959 gestaltete der Künstler Adolf Westergerling unter Mitwirkung von Will Hanebal ein Mahnmal für die Toten beider Weltkriege auf dem Friedhof Büderich. In einem Halbkreis um eine Stele mit aufzeigender Hand und Zeigefinger sind Gräber von Soldaten und zivilen Kriegsopfern angelegt.

Die Stele selbst ist mit Reliefs versehen, die universell auf das vielfältige Leid des Krieges verweisen, u.a. die Trauer der Hinterbliebenen, Massengräber, Versehrungen und Flucht und Migration. Gedenken und Mahnung fließen ausdrucksstark ineinander.

Viele Meerbuscher setzen sich für die Verständigung der unterschiedlichen Kulturen ein, die in Meerbusch miteinander leben.

Meerbusch hilft e.V. kümmert sich um alle Bedürftigen, fördert Begegnungen für Menschen aller Kulturen und Religionen und genießt großen Zuspruch in der Bevölkerung.

Der „Engel der Kulturen" zeigt einen metallenen Reif, in dessen Innerem stellvertretend für alle Kulturen die Symbole des Kreuzes, des Halbmonds und des Davidsterns angedeutet sind. Sieht man auf die ausgesparte Fläche, erkennt man die Figur eines Engels. Seit 2012 signalisiert das Kunstwerk zwischen einer Grundschule, dem Rathaus und dem Wochenmarkt die interkulturelle Verbundenheit der Stadt Meerbusch.

Zahlreiche Sozial- und Jugendprojekte belegen die rege Teilhabe der Bürgerschaft an der sozialen Gestaltung des städtischen Lebens. Beispielsweise fördert die „querkopf-akademie" das sachpolitische Engagement von Jugendlichen.

Das Mataré-Gymnasium –
Fünfzig Jahre Schulentwicklung bis zur bilingualen Europaschule

Seit fünfzig Jahren gibt es in Büderich ein Gymnasium. Seinen Ausgang nahm das heutige Mataré-Gymanisum 1968 als Kreisgymnasium in den Räumen der nur wenige Straßen entfernt gelegenen damaligen Realschule. Am heutigen Standort befand sich eine private Kiesgrube, in der Arbeiter den Baustoff in den 1930er Jahren noch mit Schaufeln abbauten. Mit einem guten Dutzend Lehrerinnen und Lehrern nahm Schulleiter Wolfgang Gewaltig im August 1968 in bewegten Zeiten den Unterricht auf.

1974 war der Neubau fertig errichtet und das Gymnasium, mittlerweile und bis heute ein Ganztagsgymnasium, zog in seine neuen Räumlichkeiten ein. In dasselbe Jahr fiel die Benennung nach dem Künstler Ewald Mataré. Ein Adler aus seinem Werk ziert den Innenhof der Schule.

Die Stadt Meerbusch wurde 1979 Träger der Schule. Im folgenden Jahr gelang es den Mädchen der Hockeymannschaft, Bundessieger im Wettbewerb „Jugend trainiert für Olympia" werden. Dieses Kunststück gelang fast dreißig Jahre später auch der Golfmannschaft der Jungen. In beiden

Sportarten stellt das Mataré-Gymnasium bis heute mit die besten Schülermannschaften der Bundesrepublik.

Das Mataré-Gymansium zeichnet sich als innovative und leistungsstarke Schule aus. Seit 1986 und damit als zweitälteste Schule verfügt das Mataré-Gymansium über einen bilingualen deutsch-englischen Zweig, hier wurde das erste bilinguale Geschichtsabitur in Nordrhein-Westfalen abgelegt. Im bilingualen Zweig werden die Fächer Geschichte, Erdkunde und Politik auf Englisch unterrichtet.

Mit der Auszeichnung als Europaschule im Jahr 2009 hat das Mataré-Gymansium seine eigentliche Ausrichtung gefunden, flankiert von einem breiten Chorangebot und bereichert durch zahlreiche Austausche. Viele Schüler gehen ins Ausland und zahlreiche Gastschüler kommen ans Mataré. Exkursionen führen auch immer wieder nach Brüssel, wo sich ein Blick in einen der Innenhöfe des europäischen Parlamentsgebäudes lohnt.

Die Orientierung an den Werten der europäischen Einigung ist zum Fixpunkt des heutigen Schulprogramms geworden.

Dorfschule, Feuerwehrturm, Stadtarchiv und Mauerstück – besondere Schulen in Meerbusch

Die Meerbuscher Schullandschaft ist abwechslungsreich und hat durchaus originelle Gebäude und Nutzungen zu bieten.

In Lank bietet die Pastor-Jacobs-Grundschule einen architektonisch sehr abwechslungsreichen Anblick. Das Schulgebäude aus dem Jahr 1903 erfuhr gleich mehrere Erweiterungen. Auch die benachbarte Feuerwache wurde in Unterrichtsräume umgewandelt, wie der Blick auf die Vorderfront deutlich macht: Wo früher hinter großen Toren die Feuerwehrwagen ihren Platz hatten, lernen heute i-Dötzchen in schöner Nachbarschaft zum Schlauchturm Lesen und Schreiben.

Die Realschule in Osterath besteht seit 1966, bezog zwei Jahre später ihren heutigen Neubau und wurde seit den 1990er Jahren mehrfach erweitert. Ihren Schwerpunkt legt die Schule auf gemeinsames Lernen und fördert ihre Schülerinnen und Schüler mit dem Ziel, dass ihnen nach ihrem Abschluss alle Wege, einen Beruf zu ergreifen, offen stehen.

Großer Beliebtheit erfreut sich die Maria-Montessori-Gesamtschule in Büderich. 1989 entstand durch Erweiterungsbauten aus der ehemaligen Realschule Büderich die einzige Meerbuscher Gesamtschule. Konzeptionell fühlt sie sich ihrer Namenspatronin durch einen erhöhten Freiarbeitsanteil und einen ganzheitlichen Ansatz bei der Gestaltung der Entwicklung von Kindern und Jugendlichen verantwortlich.

Strümp hat etwa 5.500 Einwohner, verfügt aber über ein Gymnasium mit rund 1000 Schülerinnen und Schülern. Das Ungleichgewicht wird durch einen Blick in die Geschichte erklärbar. Nach Gründung der Stadt Meerbusch 1970 sollte im landwirtschaftlich genutzten Dreieck zwischen Strümp, Osterath und Büderich eine ganz neue Innenstadt für Meerbusch entstehen. Der Plan scheiterte und bis heute sind die Stadtteile nicht baulich verbunden. Einzig der erste Bauteil wurde realisiert – das 1968 gegründete „Städtische Meerbusch Gymnasium" (SMG) konnte 1974 seinen Neubau beziehen.

Einen Blickfang bildet ein Stück der Berliner Mauer am Rande des Schulhofs. Ein Gönner ließ es der Stadt zukommen, die es am SMG aufstellen ließ. Auf dem Boden des Schulhofs führt ein Weg mit eingelassenen Daten der deutschen Nationalgeschichte zum Mauerrest.

Das historische Foto aus den 1950er Jahren zeigt das Gebäude der heutigen Adam-Riese-Schule in Büderich aus der Entfernung über die damals noch unbebauten Felder von der heutigen Oststraße aus. Das Schulgebäude beherbergt eine Grundschule und im hinteren (rechten) Teil das Stadtarchiv der Stadt Meerbusch.

Die Meerbuscher Ortsteile verfügten einst alle über eine kleine Dorfschule. Die meisten wurden geschlossen und auch in Ilverich gehen keine Kinder mehr in die Dorfschule. Als Schule zu klein, bietet das ehemalige Schulhaus jedoch inzwischen als Privathaus einer Familie originellen Wohnraum – bis heute mit der einstigen Schulglocke auf dem Dach.

Vom Streichelzoo bis zum Kabarett – Freizeitgestaltung in Meerbusch

Auf der Suche nach Unterhaltung und Entspannung finden Jung und Alt ein passendes Angebot vor.

Die Gebäude des „Forum Wasserturm" in Lank gehörten einst zur großen Papierfabrik, 1991 wurden die Räumlichkeiten zu einem Kulturzentrum umfunktioniert. Heute gibt es dort Ausstellungen, Theateraufführungen und Filmvorführungen. Weithin bekannt ist das „Forum Wasserturm" dank seines Kabarett- und Kleinkunstprogramms.

Das nach einer Renovierung als „Meerbad" wieder eröffnete Hallenbad in Büderich bietet zahlreiche Bewegungsangebote vom Schwimmsport über Wassergymnastik bis zur Wassermassage.

Die „Arche Noah" wurde vor über 30 Jahren von Hildegard Miedel ins Leben gerufen. Das soziale Projekt verbindet den Tierschutz mit dem ehrenamtlichen Engagement von Jugendlichen und dem Kindervergnügen, die meist heimischen Tiere aus der Nähe kennenlernen zu können. Bei der „Arche Noah" landen auch Tiere, die vernachlässigt wurden und dort aufgepäppelt werden.

Man kann eine Tierpatenschaft übernehmen, bei der Versorgung der Tiere und der Instandhaltung des Geländes helfen, aber auch selber auf Ponys reiten oder seinen Geburtstag feiern. Die „Arche Noah" finanziert sich allein durch Eintrittsgelder und Spenden.

Fußball – auch in Meerbusch Sportart Nummer eins

Nicht nur Büdericher sind von der Schönheit der Anlage am Eisenbrand angetan – zwischen Waldrand und Feldern liegt seit 1965 eines der schönsten städtischen Stadien weit und breit. Über 5000 Zuschauer fasst die Arena, 1000 finden auf der Tribüne Platz.

Schon ausländische Nationalteams trainierten hier, DFB-Jugendnationalmannschaften suchen hier regelmäßig den Wettkampf und der heimische FC Büderich 02 trägt hier seine Ligaspiele aus. Ob auf Rasen oder Kunstrasen, der Eisenbrand bietet Profis wie Freizeitkickern beste Bedingungen.

Blau-Weiß findet seine Konkurrenz zum Beispiel in Rot-Weiß in Strümp beim TSV Strümp von 1964. Früh übt sich, wie die Lagebesprechung beim Training auf der neu erbauten Kunstrasenanlage am Fouesnantplatz zeigt.

Die Tour de France – ein Weltereignis schaut in Meerbusch vorbei

Grand Départ hieß es 2017 in Düsseldorf – Startschuss für die Tour de France in der Landeshauptstadt. Die 2. Etappe führte am 2. Juli auch durch Meerbusch: Von Lörick aus bis zum Landsknecht, dann die Dorfstraße hinauf und links in die Düsseldorfer Straße Richtung Deutsches Eck und zum Handweiser– über Neuss ging es dann zum Etappenziel nach Lüttich in Belgien.

Obwohl die Radfahrer nur wenige Minuten für die Strecke durch Büderich benötigten, wurde bereits vorher und lange nachher gefeiert. Es gab Musik, Essen und Getränke, Sportaktionen und eine Sportlerehrung. Im Zentrum standen aber dann doch die rund 200 Fahrer, die wie hier am Deutschen Eck am Straßenrand von mehreren Tausend Meerbuschern angefeuert wurden. Kurzum: Ein echter Imagegewinn für Meerbusch.

Feiern in Meerbusch – Alte Bräuche und junge Traditionen

Seit jeher ziehen die Schützen bei ihrem Umzug am Büdericher Rathaus und der angegliederten Ehrentribüne vorbei. Jedes Jahr zu Pfingsten ist Schützenfest. Gefeiert wird auf dem Dr.-Franz-Schütz-Platz, wo aus diesem Anlass auch die jährliche Kirmes ihre Pforten öffnet.

Auch in den anderen Ortschaften der Stadt werden Schützenkönige ermittelt und Schützenfeste gefeiert. In Osterath, Lank und Langst-Kierst findet alle zwei Jahre ein Schützenfest statt, in Strümp und Ossum-Bösinghoven alle drei Jahre.

Über das Jahr verteilt locken eine ganze Reihe von jüngeren Festen auf die Dorfstraße oder den Festplatz, z.B. am Sonnenblumensonntag, an dem Foodtrucks auf der gesperrten und mit Sonnenblumen geschmückten Dorfstraße Traditions- und Lifestylegerichte anbieten. Bühnenprogramme und geöffnete Geschäfte tragen ihren Teil zum bunten Treiben bei.

Karneval ist auch in Meerbusch die fünfte Jahreszeit. In fast allen Stadtteilen gibt es Karnevalsvereine, die sich dem ursprünglichen und regionalen Brauchtum verschrieben haben.

Eine herausragende Rolle spielt dabei einer der kleinsten Meerbuscher Stadtteile, das Dorf Nierst. Es ist ziemlich wahrscheinlich, dass der Nierster Umzug am Rosenmontag der zeitlich längste Karnevalsumzug entlang des gesamten Rheins ist. Er beginnt morgens um 9 Uhr, es gibt eine Mittagspause und er endet am Abend nach Einbruch der Dunkelheit.

Veranstalter ist die Karnevalsgesellschaft „Kött un Kleen" von 1905, die auch um den eigentlichen Zug herum mit Sitzungskarneval, Kinderveranstaltungen und vielen weiteren Aktivitäten die Geschehnisse im Dorf und der Welt auf die Schippe nimmt.

Eine weitere Besonderheit ist der alljährlich im Zug mitfahrende Wurstwagen. Im Laufe des Umzugs sammelt der Wagen die möglichst langen Würste von den Dorfbewohnern ein und hängt sie dekorativ über eine Stange. Am Abend werden die Würste im Festzelt gebraten und verteilt.

Die Böhler-Werke – Sinnbild für Meerbusch im Wandel

Wie kein anderes Beispiel stehen die Böhler-Werke für den Wandel vom Industriezeitalter des 20. Jahrhunderts zur Dienstleistungsgesellschaft des 21. Jahrhunderts.

Über Jahrzehnte waren die Böhler-Werke der größte Industriebetrieb in Meerbusch. Unmittelbar an der Stadtgrenze zu Düsseldorf gelegen, gab das Stahlwerk seit Produktionsbeginn 1915 bis zu 4500 Menschen Arbeit. Hergestellt wurden neben Rüstungsgütern Edelstahl und Stahl zur Herstellung von Industriewerkzeugen.

Auf dem linken Luftbild erkennt man das Werksgelände in der Vorkriegszeit mit Büderich im Hintergrund. Deutlich sichtbar ist die Straßenbahnlinie in Richtung Büderich (Landsknecht) entlang der Werksgrenze, im Hintergrund ist rechts in der Mitte St. Mauritius auszumachen.

Das rechte Luftbild aus den 1970er Jahren zeigt die Lage der Böhler-Werke in Richtung Rhein. Als denkmalwürdig gelten das Pförtnerhaus, der achteckige Wasserturm, das Kesselhaus als Energiezentrale mit dem hohen Schornstein, ein Verwaltungsbau und der konusförmige Luftschutzbunker.

Die Böhler Werkssiedlung – Symbol des Wiederaufbaus

Auch über das Werksgelände hinaus waren die Böhler-Werke mit Meerbusch stark verbunden. Die nach dem Krieg errichtete Werkssiedlung in Büderich galt in den 1950er Jahren sogar als Musterbeispiel gelungener genossenschaftlicher Siedlungsarchitektur für Arbeiter und wurde im Mai 1954 vom damaligen Bundeskanzler Konrad Adenauer besucht.

Der erste Werksdirektor nach dem Krieg, Franz Schütz, engagierte sich auch politisch in Meerbusch und wurde 1964 Bürgermeister in Büderich. Bis heute sind die Wohnungen im Besitz einer Wohnungsbaugenossenschaft und erfreuen sich neuer Beliebtheit.

Das „Areal Böhler" heute – gelungener Strukturwandel

Die Produktion von Stahlerzeugnissen wurde bei Böhler 1993 eingestellt. Heute dient nur noch ein kleiner Teil des Geländes industriellen Zwecken, hauptsächlich der Logistik.

Heute befindet sich auf dem Gelände der Böhler-Werke der Gewerbepark „Areal Böhler" mit kleineren Werkstätten und Dienstleistungsunternehmen. In den großen Hallen finden zunehmend Messen statt und ein weiterer Teil des Geländes bietet Raum für Kunstateliers und Freizeitaktivitäten. In der Kesselhalle finden Veranstaltungen wie Jahreshauptversammlungen, Kultur-events und größere Feiern statt.

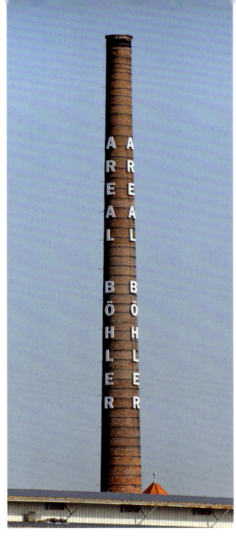

▶ Der Buchhandel – Schmökern mit vielen Sinnen

Alle drei großen Buchhandlungen in Meerbusch bieten mehr als nur den Lesegenuss zwischen zwei Buchdeckeln.

„Mrs. Books" mit Geschäften in Lank und Osterath hat die ganze Familie als Kunden im Blick. Lesungen, Geschenkkörbchen und regelmäßige Buchtipps von Leseratten bereichern das Angebot ebenso wie liebevoll sortierte Spezialabteilungen.

„Buchhandlung Gossens" in Büderich lockt mit einer großen Kinder- und Jugendbuchabteilung im Keller und kulinarischen Accessoirs im Obergeschoss. Auf der Dorfstraße ist der Laden einer der zentralen Anlaufpunkte im Ort.

Das „Buch- und Kunstkabinett Mönter" in Osterath bietet neben einem feinen Sortiment auch Antiquarisches und lädt zu Kunstausstellungen, Konzerten und Vortragsreihen ein. Für das erlesene Programm erhielt die Buchhandlung bereits mehrfach Auszeichnungen.

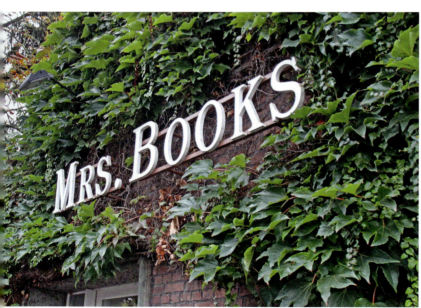

Von der Handelsgärtnerei zum Pflanzencenter – 145 Jahre Liebe zum Grün

Grün ist die vorherrschende Farbe im Meerbuscher Stadtbild, an wohl keiner Stelle im Stadtgebiet ist der Siedlungsrand mehr als einen Kilometer entfernt. Trotzdem lieben es die Meerbuscher, das Grün auch in ihre Häuser und Gärten zu bringen.

Seit drei Generationen ist der Betrieb der Familie Bogie in Meerbusch verwurzelt. Im Jahr 1920 zog die bereits 1873 gegründete Handelsgärtnerei von Hattingen nach Büderich um und 1950 an ihren heutigen Standort, an die Stadtgrenze zu Düsseldorf.

Waren die Gewächshäuser früher meist den angestellten Gärtnern für die Anzucht vorbehalten, bieten sie heute eine helle und geschützte Verkaufsfläche. So steht der Betrieb stellvertretend für viele als Beispiel des Strukturwandels von der Produktion zu Service und Dienstleistung.

Das moderne Pflanzencenter bietet ein voll ausgebautes Sortiment an Garten- und Zimmerpflanzen, Blumen, Zubehör und Geschenkartikeln. Kompetente Beratung, Produktqualität und Angebotsvielfalt werden regelmäßig mit Topergebnissen unabhängig zertifiziert.

Brot und Brötchen aus Meerbusch – eine lange Tradition

Bis heute genießen viele Meerbuscher Backwaren, die tatsächlich frisch in Meerbusch gebacken werden. Dieser lokalen Backtradition fühlen sich die „Landbäckerei Hilgers" und die „Bäckerei Wieler" verpflichtet.

In Osterath führt das Ehepaar Hilgers seit über 30 Jahren ihren Meisterbetrieb. Die Eröffnung wurde mit einer Rikscha gefeiert. Heute setzt man auf eine von allen künstlichen Zusatzstoffen freie Herstellung der Backwaren. Zehn Meter sind es von der Backstube im Hinterhaus zum Laden an der Straße und nichts geht über die Theke, das nicht per Hand in Eigenproduktion erstellt wurde.

Eine große Stammkundschaft, die auf beste Zutaten und handwerkliche Qualität, guten Geschmack und ein freundliches Wort Wert legt, hält dem bodenständigen Betrieb die Treue – und man kann auch mal anschreiben lassen.

Auf sogar vier Generationen im Bäckerhandwerk blickt die Familie Wieler zurück. Noch im 19. Jahrhundert gegründet, erzählen 120 Jahre Firmengeschichte von wechselvollen, immer wieder von Anpassungen und Innovation geprägten Entwicklungen. Was einst in Lank-Latum als kleine Bäckerei begann, ist heute ein regionaler Filialbetrieb mit mehreren Backhäusern und fast einem Dutzend Standorten in Meerbusch, Willich und Neuss.

Der charakteristische Schriftzug begleitet das Unternehmen seit vielen Jahrzehnten in leicht veränderter Form und lädt heute nicht nur zum Kauf, sondern auch zum Verweilen in den angegliederten Cafés ein.

Verbacken werden in den Backstuben vorzugsweise regionale Rohstoffe und stets hochwertige Zutaten bis hin zum Qualitätssalz und besonderem Wasser. Der Teig bekommt eine lange Ruhezeit vor dem Backen, die Körner der Brötchen hingegen werden erst kurz vor dem Backen gequetscht, was viele gesunde Nährstoffe erhält. Der Backvorgang der Brote findet im Steinofen statt und trägt seinen Teil zum Geschmack bei.

So ist es kein Wunder, wenn die fünfte Generation nach dem Abitur gerade im Hause die Ausbildung zur Bäckerin angetreten hat.

„Erlebe Meerbusch im Wandel" – Ein Bildband als Schulprojekt

Lernen auch außerhalb der Schule, Lernen an authentischen Problemen, Lernen in Kooperation, Lernen mit Menschen in ihrem professionellen Kontext, Lernen an Fächer übergreifenden Themen, Lernen in Selbstorganisation und Eigenständigkeit – und das alles zur selben Zeit: Vor diesen Herausforderungen sah sich der Projektkurs des Jahres 2017 am Mataré-Gymnasium, als 16 Schülerinnen und Schüler im Februar, gut ein Jahr vor dem Ende ihrer Schulzeit, ihre Arbeit an diesem Bildband begannen.

Bei ihnen überwog statt dieses didaktischen Blicks bei weitem die Motivation, ein Produkt in den Händen zu halten, bei dem sie selbst aktiv mitgewirkt haben, es maßgeblich konzipiert und gestaltet zu haben. Etwas Vorzeigbares, in das viele der Kompetenzen eingeflossen sind, die getrennt voneinander in den einzelnen Fächern vermittelt wurden.

Der vorliegende Band ist damit also auch ein Ergebnis der Arbeit von vielen Jahren Schulbesuch und indirekt auch ein Dankeschön an alle Lehrerinnen und Lehrer.

Seit 2012 gibt es das Format des Projektkurses am Mataré-Gymnasium. Als Europaschule sind wir dem europäischen Gedanken verpflichtet und eigentlich sind die Projekte englischsprachig. Dabei wählen die Schülerinnen und Schüler ihre Projekte selbstständig. Herausgekommen sind Videoprojekte, eine Performance im Filmmuseum, Podiumsdiskussionen und andere Formate. Mit einer Ausstellung zur Fahrradkultur Europas waren wir im Schulministerium in Düsseldorf zu Gast.

2018 feiert unsere Schule ihr 50jähriges Bestehen. Wenn wir etwas von dem, was die Bürgerschaft der Schule gab, ihr mit diesem Bildband zurück geben können, kehrt, so hoffen wir, bei allen Zufriedenheit ein.

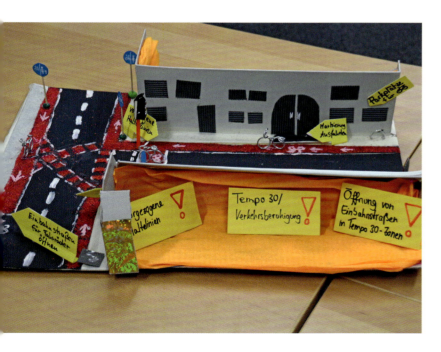

Fotonachweis:

Stadt Meerbusch (10): S. 2, 28 (unten Mitte), 29 (3 Fotos rechts), 44 (unten rechts), 53 (unten links, 3 Fotos rechts)

Stadtarchiv Meerbusch (17): S. 4 (2 Fotos), 9 (links), 14 (rechts), 15 (oben), 18 (unten links), 17 (unten rechts), 20 (unten rechts), 24 (oben links), 32 (oben rechts), 33 (Mitte zentral und unten), 46 (links), 48 (links), 50, 51, 52 (oben)

Fotoarchiv Meerbuscher Geschichtsverein (1): S. 17 (oben links)

Privat (27): S. 10 (oben und unten links), 25 (oben links), 26 (unten), 28 (unten links und 2 Fotos oben), 30, 31, 33 (oben links und Mitte), 34 (oben links), 39 (2 Fotos rechts), 40 (oben und Mitte), 43 (oben rechts), 55 (3 Fotos rechts), 56 (oben links), 57 (2 Fotos oben und 2 Fotos unten Mitte und rechts)

Alle übrigen Aufnahmen wurden von der Projektgruppe erstellt.

Abenteuer, Spaß und Dank – die lange Reise zum fertigen Buch

Die Idee, gemeinsam ein Buch zu gestalten, übte von Beginn an eine große Faszination aus. Schon das erste Ideen-Blitzlicht zeigte die ganze Vielfalt auf, die 16 unterschiedliche Schülerinnen und Schüler mit einem solchen Projekt verbinden. Gemeinsame Projektsitzungen wechselten sich mit Gruppentreffen innerhalb und außerhalb der Schule ab, Chatgruppen wurden gegründet und es fanden sich Teams zusammen.

Die Archivgruppe wurde zum Stammgast beim Stadtarchivar, der die Recherche nach Kräften unterstützte. Bei einer Schülerin liefen die Rückmeldungen aus der Öffentlichkeit zusammen, die über einen Presseaufruf in verschiedenen Zeitungen erreicht wurde. So kamen wir zu sehr vielen der wertvollen alten Fotos.

Mehrere Fotogruppen zogen immer wieder durch die Stadt, fieberten Veranstaltungen entgegen, beknieten Küster und Angestellte der Stadt – alles für ein gutes Foto.

Die Textgruppe stellte Bibliotheken und Internet auf den Kopf, prüfte auch telefonisch die Quellen, schickte sich gute Tipps zu und bereitete tolle Texte vor.

In zahlreichen Sitzungen nach Unterrichtsende um 16 Uhr bastelten die Teams an der Verbindung von Foto- und Textrecherche – bis schließlich ein Manuskript vorlag.

Alle zusammen haben sich um die Paten bemüht, deren Unterstützung diesen Bildband erst möglich gemacht hat. Dem Förderverein des Mataré-Gymnasiums und dem Verlag gebührt der Dank für die Fertigstellung des Buches.

Allen, die zur Entstehung des Buches einen Teil beigetragen haben, möchten wir von Herzen danken und wünschen ihnen, dass sie sich hier wiederfinden.

Zur Projektgruppe gehörten: Norina Ademi, Carina Blembel, Ida Dierkes, Simon Ewertz, Luisa Haas, Mika Hain, Leo Heimig, Henry Holzenthal, Alexander Kostourkov, Laura Landsberg, Doe Yeon Lee, Lisa Sommer, Marc Steffens, Isabel Wolters, Dana Zöllner, Malin Zöllner und Oliver Tauke.

Inhaltsverzeichnis

Vorworte Bürgermeisterin/Schulleiter	2-3

Kapitel 1: Ortsbild Büderich
Haus Meer und Teehäuschen	4-5
Dr.-Franz-Schütz-Platz	6-7
Rathaus und Dyckhof	8-9
Deutsches Eck	10-11

Kapitel 2: Ortsbilder Stadtteile
Lank-Latum	12-13
Osterath	14-15
Die „K-Bahn"	16-17
Der Rhein	18-19
Entlang des Rheins und Rheingemeinden	20-21
Wachsende Stadt – Ländliche Ursprünge	22-23

Kapitel 3: Kirchen und Kunst, Gedenken u. Soziales
St. Mauritiuskirche	24-25
Kirchenarchitektur	26-27
Partnerstädte	28-29
Ewald Mataré	30-31
Alter Kirchturm und Landsknecht	32-33
Wilhelm Hanebal und Will Brüll	34-35
Jüdisches Leben und Gedenken	36-37
Meerbusch als friedliebende Stadt	38-39

Kapitel 4: Bildung, Freizeit und Brauchtum
Das Mataré-Gymnasium	40-41
Weitere Schulen	42-43
Freizeitangebote	44-45
Sport	46-47
Schützenfest und Karneval	48-49

Kapitel 5: Arbeitswelt
Industrie: Böhler-Werke	50-51
Böhler-Werkssiedlung und Areal Böhler	52-53
Handel: Bücher und Grünpflanzen	54-55
Handwerk: Backen	56-57
Projektkurs und Projektgruppe	58-59
Inhaltsverzeichnis, Fotonachweis, Paten	60

ISBN 978-3-86595-670-5

© LINUS WITTICH Medien KG 36358 Herbstein

Alle Rechte vorbehalten www.wittich.de 1. Auflage 2018

Herausgeber: Städtisches Mataré-Gymnasium. Europaschule Meerbusch

Redaktion und Texte: Projektgruppe „Erlebe Meerbusch" am Mataré-Gymnasium

Layout und Druck: LINUS WITTICH Medien KG